Schule - d Schuel	2
Reise - d Reis	5
Transport - dr Transport	8
Stadt - d Stadt	10
Landschaft - d Landschaft	14
Restaurant - s Restaurant	17
Supermarkt - dr Läbensmittellade	20
Getränke - s Getränk	22
Essen - d Läbensmittel	23
Bauernhof - dr Buurehof	27
Haus - s Huus	31
Wohnzimmer - s Stubä	33
Küche - d Chuchi	35
Badezimmer - s Badzimmer	38
Kinderzimmer - s Chinderzimmer	42
Kleidung - d Chleidig	44
Büro - s Büro	49
Wirtschaft - d Wirtschaft	51
Berufe - d Brüef	53
Werkzeuge - d Werkzüüg	56
Musikinstrumente - d Musiginstrumänt	57
Zoo - dr Zolli	59
Sport - dr Sport	62
Aktivitäten - d Aktivitäte	63
Familie - d Familiä	67
Körper - dr Körpär	68
Spital - s Spital	72
Notfall - dr Notfall	76
Erde - d Ärde	77
Uhr - d Uhr	79
Woche - d Wuche	80
Jahr - s Johr	81
Formen - d Forme	83
Farben - d Farbä	84
Gegenteile - d Gägeteil	85
Zahlen - d Zahlä	88
Sprachen - d Sprache	90
wer / was / wie - wär / was / wie	91
wo - wo	92

Impressum
Verlag: BABADADA GmbH, Nedderfeld 112 , 22529 Hamburg
Geschäftsführer / Verlagsleitung: Harald Hof
Druck: Books on Demand GmbH, In de Tarpen 42, 22848 Norderstedt

Imprint
Publisher: BABADADA GmbH, Nedderfeld 112 , 22529 Hamburg, Germany
Managing Director / Publishing direction: Harald Hof
Print: Books on Demand GmbH, In de Tarpen 42, 22848 Norderstedt, Germany

Schule
d Schuel

dividieren / dividiere

Tafel / d Taflä

Klassenzimmer / s Klassezimmer

Schulhof / dr Pauseplatz

Lehrer / dr Lehrer

Papier / s Papier

schreiben / schribe

Stift / dr Stift

Schreibtisch / dr Schribtisch

Lineal / s Lineal

Buch / s Buech

Schüler / d Schüeler

Schultasche
dr Thek

Federmappe
s Etui

Bleistift
dr Bleistift

Bleistiftspitzer
dr Spitzer

Radierer
s Radiergummi

Zeichenblock
dr Zeicheblock

Schule - d Schuel

Zeichnung
d Zeichnig

Pinsel
dr Pinsel

Malkasten
dr Malchaschte

Schere
d Schär

Klebstoff
dr Liim

Übungsheft
s Üebigsheft

Hausübung
d Huusufgabe

Zahl
d Zahl

addieren
addiere

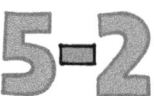

subtrahieren
subtrahiere

multiplizieren
multipliziere

rechnen
rächne

Buchstabe
dr Buechstabe

Alphabet
s Alphabet

Wort
s Wort

Schule - d Schuel

Text	lesen	Kreide
dr Text	läse	d Kriide

Unterrichtsstunde	Klassenbuch	Prüfung
d Lektion	s Klassäbuech	d Prüefig

Zeugnis	Schuluniform	Ausbildung
s Zügnis	d Schueluniform	d Usbildig

Lexikon	Universität	Mikroskop
d Enzyklopädie	d Universität	s Mikroskop
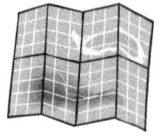		
Karte	Papierkorb	
d Charte	dr Papierchorb	

Schule - d Schuel

Reise
d Reis

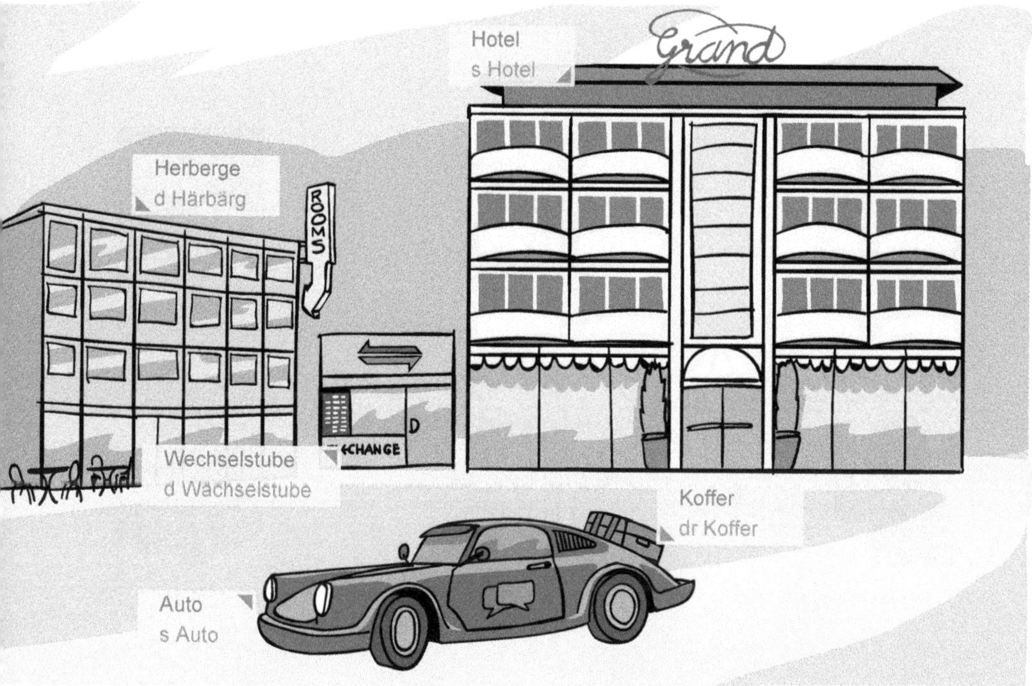

Hotel
s Hotel
Grand
Herberge
d Härbärg
ROOMS
Wechselstube
d Wächselstube
CHANGE
Koffer
dr Koffer
Auto
s Auto

Sprache

d Sprach

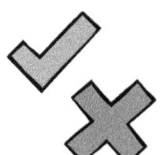

ja / nein

jo / nei

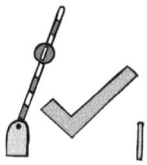

Okay

okay

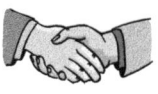

Hallo

Hallo

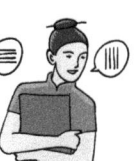

Dolmetscherin

dr Dolmetscher

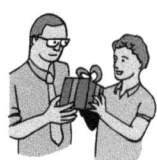

Danke

Dankä

Wie viel kostet …?
Was chostet…?

Ich verstehe nicht.
Ich vrstahs nöd

Problem
s Problem

Guten Abend!
Guete Abig!

Guten Morgen!
guete Morgä!

Gute Nacht!
guete Abig!

Auf Wiederschaun!
Uf Wiederseh

Richtung
d Richtig

Gepäck
s Bagaasch

Tasche
d Täsche

Rucksack
dr Rucksack

Gast
dr Gast

Zimmer
dr Ruum

Schlafsack
dr Schlafsack

Zelt
s Zält

Reise - d Reis

Touristeninformation

d Touristeninformation

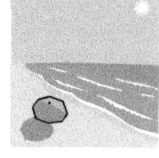

Strand

dr Strand

Kreditkarte

d Kreditkarte

Frühstück

s Zmorge

Mittagessen

s Zmittag

Abendessen

s Znacht

Fahrkarte

s Billet

Lift

dr Ufzug

Briefmarke

d Briefmarke

Grenze

d Gränze

Zoll

dr Zoll

Botschaft

d Botschaft

Visum

s Visum

Pass

dr Pass

Reise - d Reis

Transport
dr Transport

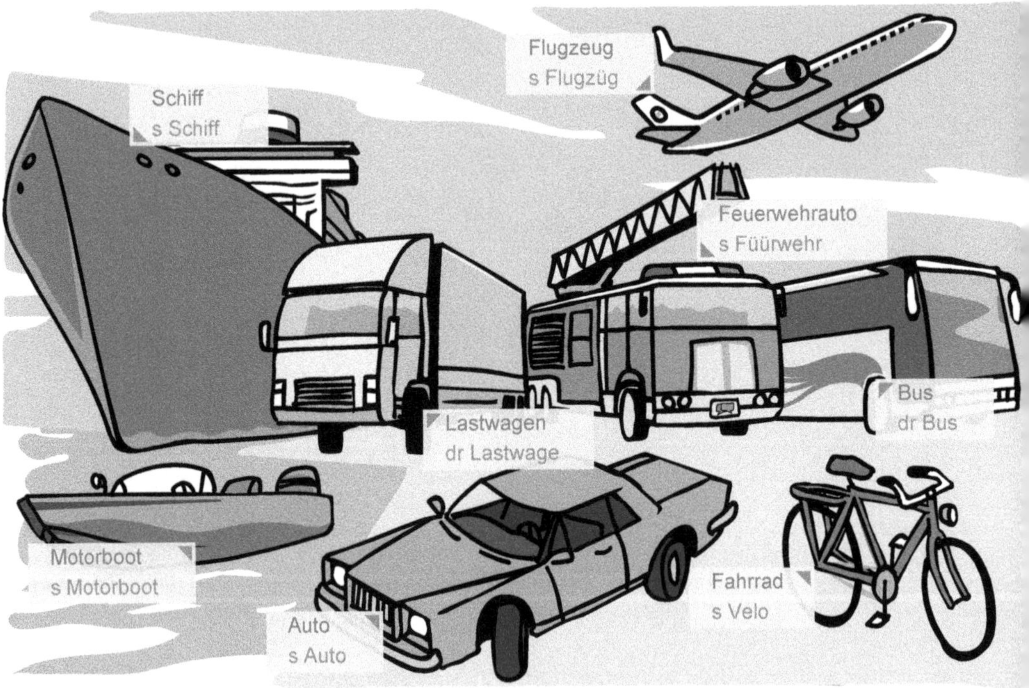

Flugzeug
s Flugzüg

Schiff
s Schiff

Feuerwehrauto
s Füürwehr

Bus
dr Bus

Lastwagen
dr Lastwage

Motorboot
s Motorboot

Fahrrad
s Velo

Auto
s Auto

Fähre

d Fähri

Boot

s Boot

Motorrad

s Töff

Polizeiauto

s Polizeiauto

Rennauto

s Rännauto

Mietwagen

dr Mietwage

Carsharing

s Carsharing

Abschleppwagen

dr Abschleppwage

Müllwagen

dr Chübelwage

Motor

dr Motor

Kraftstoff

s Benzin

Tankstelle

d Tankstell

Verkehrsschild

s Verkehrsschild

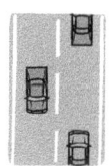

Verkehr

dr Verchehr

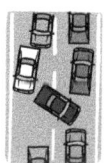

Stau

dr Stau

Parkplatz

dr Parkplatz

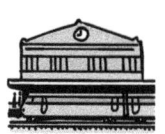

Bahnhof

dr Bahnhof

Schienen

d Schiene

Zug

dr Zug

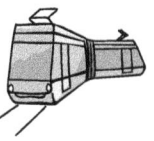

Straßenbahn

d Strassebahn

Wagon

dr Wagon

Transport - dr Transport

Hubschrauber
dr Helikopter

Flughafen
dr Flughafe

Tower
dr Tower

Passagier
dr Passagier

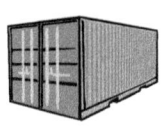

Container
dr Container

Karton
dr Karton

Rollwagen
dr Chare

Korb
dr Korb

starten / landen
starte / lande

Stadt
d Stadt

Dorf
s Dorf

Stadtzentrum
s Stadtzentrum

Haus
s Huus

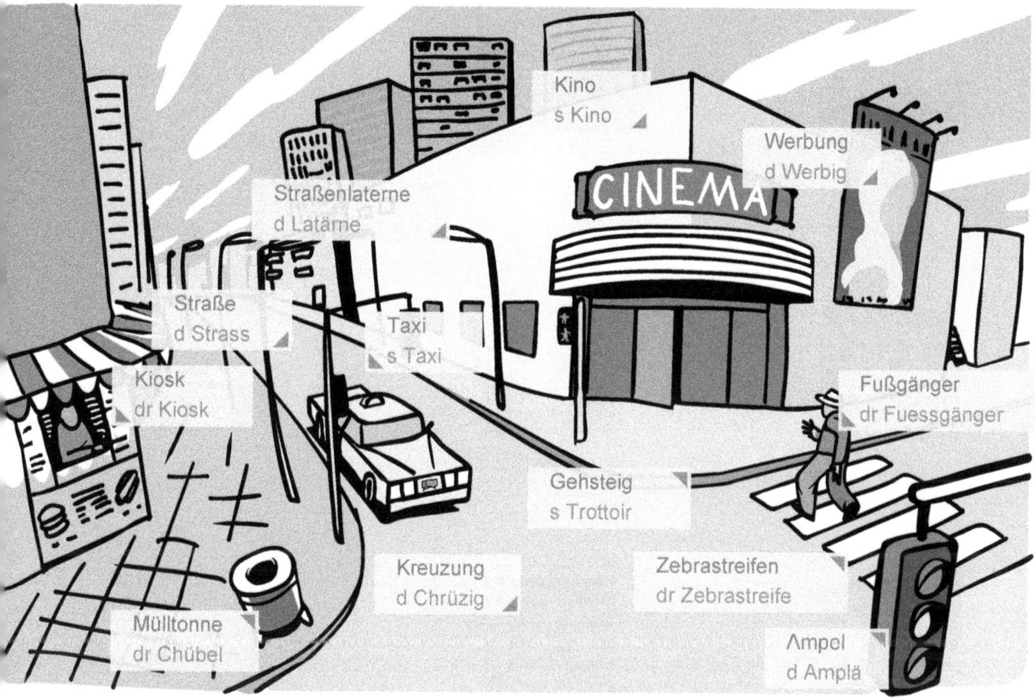

Kino
s Kino

Werbung
d Werbig

Straßenlaterne
d Latärne

Straße
d Strass

Taxi
s Taxi

Kiosk
dr Kiosk

Fußgänger
dr Fuessgänger

Gehsteig
s Trottoir

Kreuzung
d Chrüzig

Zebrastreifen
dr Zebrastreife

Mülltonne
dr Chübel

Ampel
d Amplä

Hütte
d Hütte

Wohnung
d Wohnig

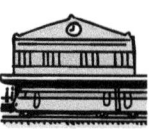

Bahnhof
dr Bahnhof

Rathaus
s Gmeindshuus

Museum
s Museum

Schule
d Schuel

Stadt - d Stadt

Universität
d Universität

Bank
d Bank

Spital
s Spital

Hotel
s Hotel

Apotheke
d Apotheke

Büro
s Büro

Buchhandlung
s Buechgschäft

Geschäft
s Gschäft

Blumenladen
dr Bluemelade

Supermarkt
dr Läbensmittellade

Markt
dr Märt

Kaufhaus
s Chaufhuus

Fischhändler
dr Fischhändler

Einkaufszentrum
s Iihkaufszentrum

Hafen
dr Hafe

Stadt - d Stadt

Park
dr Park

Bank
d Bank

Brücke
d Brugg

Stiege
d Stäge

U-Bahn
d U-Bahn

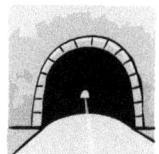
Tunnel
dr Tunnell

Bushaltestelle
d Bushaltestell

Bar
d Bar

Restaurant
s Restaurant

Briefkasten
dr Briefchastä

Straßenschild
s Strasseschild

Parkuhr
d Parkuhr

Zoo
dr Zolli

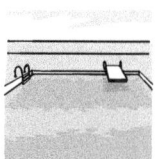
Badeanstalt
d Badi

Moschee
d Moschee

Stadt - d Stadt

Bauernhof
dr Buurehof

Umweltverschmutzung
d Umwältvrschmutzig

Friedhof
dr Fridhof

Kirche
d Chile

Spielplatz
dr Spielplatz

Tempel
dr Tämpel

Landschaft
d Landschaft

- Blatt — s Blatt
- Wegweiser — dr Wägwiiser
- Weg — dr Wäg
- Wiese — d Wise
- Stein — dr Stei
- Baum — dr Baum
- Wanderer — dr Wanderer
- Fluss — dr Fluss
- Gras — s Gras
- Blume — d Bluamä

Tal
s Tal

Hügel
dr Bärg

See
dr See

Wald
dr Wald

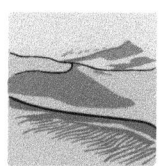
Wüste
d Wüeschti

Vulkan
dr Vulkan

Schloss
s Schloss

Regenbogen
dr Rägeboge

Pilz
dr Pilz

Palme
d Palme

Moskito
dr Moskito

Fliege
d Fliege

Ameise
d Ameise

Biene
s Biendli

Spinne
d Spinne

Landschaft - d Landschaft

Käfer
dr Chäfer

Frosch
dr Frosch

Eichhörnchen
s Eichhörnli

Igel
dr Igel

Hase
dr Haas

Eule
d Üle

Vogel
d Vogu

Schwan
dr Schwan

Wildschwein
s Wildschwein

Hirsch
dr Hirsch

Elch
dr Elch

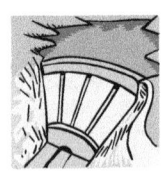
Staudamm
dr Damm

Windrad
d Windturbine

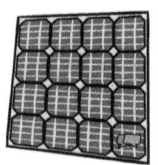
Solarmodul
dr Sunnekollektor

Klima
s Klima

Landschaft - d Landschaft

Restaurant
s Restaurant

- Kellner — dr Chällner
- Speisekarte — d Spiischartä
- Sessel — dr Stuehl
- Suppe — d Suppä
- Pizza — d Pizza
- Besteck — s Bsteck
- Tischdecke — d Tischdecki

Vorspeise
d Vorspiies

Hauptgericht
s Hauptgricht

Nachspeise
s Dessert

Getränke
s Getränk

Essen
d Läbensmittel

Flasche
d Fläsche

Restaurant - s Restaurant

Fastfood
s Fast Food

Streetfood
s Street Food

Teekanne
d Teechanne

Zuckerdose
d Zuckerdosä

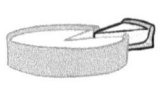

Portion
d Portion

Espressomaschine
d Espressomaschine

Kinderstuhl
dr Hochstuehl

Rechnung
d Rächnig

Tablett
s Tablett

Messer
s Mässer

Gabel
d Gable

Löffel
dr Löffel

Teelöffel
dr Teelöffel

Serviette
d Serviette

Glas
s Glas

Restaurant - s Restaurant

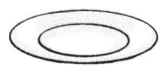
Teller
dr Täller

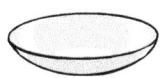
Suppenteller
dr Suppetällär

Untertasse
d Untertasse

Sauce
d Sose

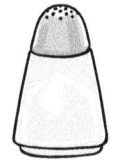
Salzstreuer
dr Salzstreuer

Pfeffermühle
d Pfäffermühli

Essig
dr Essig

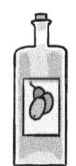
Öl
s Öl

Gewürze
d Gwürz

Ketchup
ds Ketchup

Senf
dr Sänf

Mayonnaise
d Mayonnaise

Supermarkt
dr Läbensmittellade

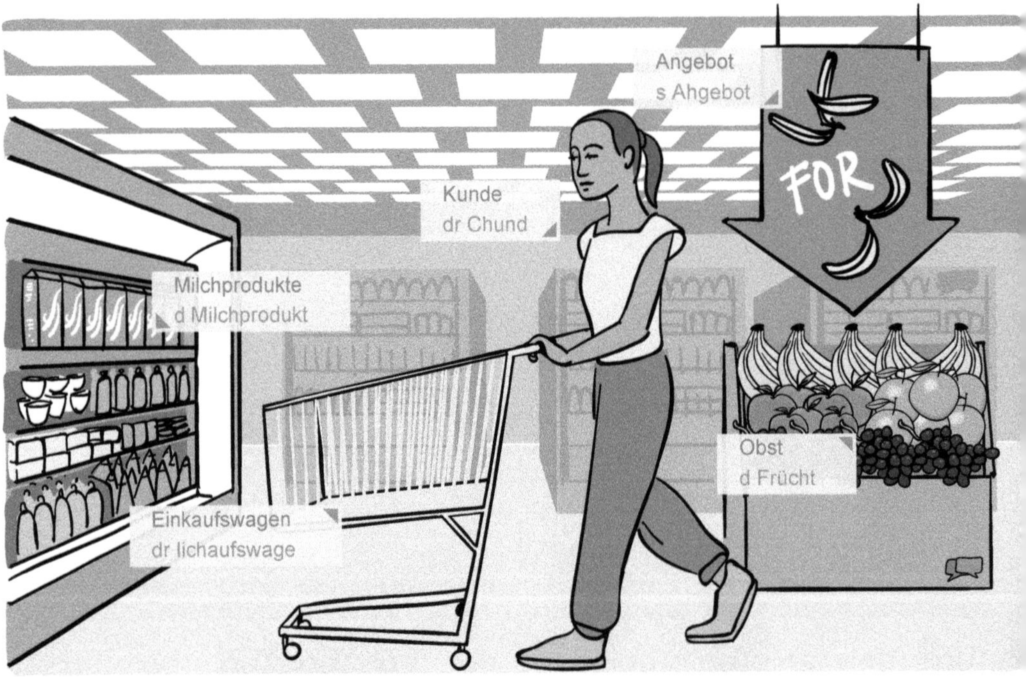

Angebot
s Ahgebot
FOR
Kunde
dr Chund
Milchprodukte
d Milchprodukt
Obst
d Frücht
Einkaufswagen
dr Iichaufswage

BUTCHERS

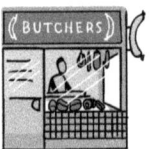

Schlachterei

dr Schlachter

BAKERY

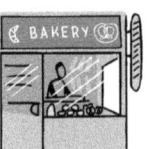

Bäckerei

dr Beck

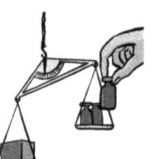

wiegen

wiege

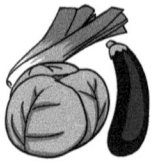

Gemüse

s Gmües

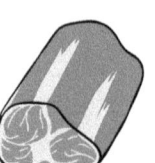

Fleisch

s Fleisch

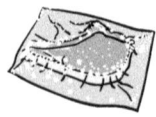

Tiefkühlkost

d Tiefkühlprodukt

Aufschnitt
dr Ufschnitt

Konserven
d Konsärve

Waschmittel
s Wöschmittel

Süßigkeiten
d Süessigkeite

Haushaltsartikel
d Huushaltartikel

Reinigungsmittel
s Putzmittel

Verkäuferin
d Verchäuferin

Kassa
d Kassä

Kassiererin
dr Kassierer

Einkaufsliste
d Ihchaufsliste

Öffnungszeiten
d Öffnigszite

Brieftasche
s Portemonnaie

Kreditkarte
d Kreditkarte

Tasche
d Täsche

Plastiktüte
dr Plastiksack

Supermarkt - dr Läbensmittellade

Getränke
s Getränk

Wasser
s Wasser

Saft
dr Saft

Milch
d Milch

Cola
d Cola

Wein
dr Wii

Bier
s Bier

Alkohol
dr Alkohol

Kakao
s Ovi

Tee
dr Tee

Kaffee
dr Kafi

Espresso
dr Espresso

Cappuccino
dr Cappuccino

Essen
d Läbensmittel

Banane
d Banane

Apfel
dr Öpfel

Orange
d Orange

Melone
d Melone

Zitrone
d Zitrone

Karotte
s Rüebli

Knoblauch
dr chnoobli

Bambus
dr Bambus

Zwiebel
d Zwiblä

Pilz
dr Pilz

Nüsse
d Nüss

Nudeln
d Nudle

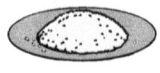

Spaghetti — d Spaghetti
Reis — dr Riis
Salat — dr Salat

Pommes frites — d Pommfrit
Bratkartoffeln — d Bratherdöpfel
Pizza — d Pizza

Hamburger — dr Hamburgär
Sandwich — s Sandwich
Schnitzel — s Gotlett

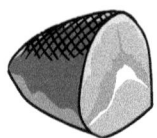

Schinken — dr Schinkä
Salami — d Salami
Wurst — s Würschtli

Huhn — s Huehn
Braten — dr Bratä
Fisch — dr Fisch

Essen - d Läbensmittel

Haferflocken
d Haferflocke

Müsli
s Müesli

Cornflakes
d Cornflakes

Mehl
s Mähl

Croissant
s Gipfeli

Semmel
s Brötli

Brot
s Brot

Toast
dr Toscht

Kekse
s Guetzli

Butter
d Butter

Topfen
dr Quark

Kuchen
dr Chueche

Ei
s Ei

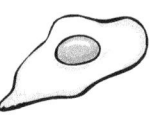

Spiegelei
s Spiegelei

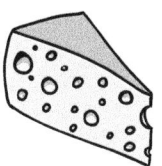

Käse
dr Chäs

Essen - d Läbensmittel

Eiscreme	Zucker	Honig
d Glace	dr Zucker	dr Honig

Marmelade	Schokoladenaufstrich	Curry
d Gonfi	d Nougat-Creme	s Curry

Essen - d Läbensmittel

Bauernhof
dr Buurehof

- Bauernhaus / s Buurehuus
- Scheune / d Schüür
- Strohballen / dr Strohballä
- Pferd / s Pferd
- Feld / s Fäld
- Anhänger / dr Ahänger
- Fohlen / s Fohle
- Traktor / dr Traktor
- Esel / dr Esel
- Lamm / s Lamm
- Schaf / s Schaaf

Ziege
d Geiss

Kuh
d Chueh

Kalb
s Chalb

Schwein
d Sau

Ferkel
s Ferkel

Stier
s Rind

Gans
d Gans

Ente
d Änte

Küken
s Küke

Huhn
s Huähn

Hahn
dr Güggel

Ratte
d Ratte

Katze
d Chatz

Maus
d Muus

Ochse
dr Ochse

Hund
dr Hund

Hundehütte
d Hundehütte

Gartenschlauch
dr Garteschluuch

Gießkanne
d Giesschanne

Sense
d Sägese

Pflug
dr Pflueg

Bauernhof - dr Buurehof

Sichel
d Sichel

Hacke
d Hacke

Mistgabel
d Heugable

Axt
d Axt

Schubkarre
d Garette

Trog
dr Trog

Milchkanne
d Milchchanne

Sack
dr Sack

Zaun
dr Haag

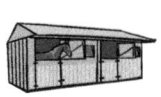

Stall
dr Gadä

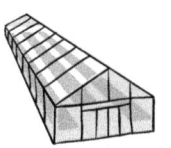

Treibhaus
s Gwächshuus

Boden
dr Bode

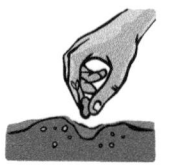

Saat
dr Soome

Dünger
dr Dünger

Mähdrescher
dr Mähdrescher

ernten
ärnte

Ernte
d Ärnte

Yamswurzel
d Yamswurzle

Weizen
dr Weize

Soja
s Soja

Erdapfel
dr Härdöpfel

Mais
dr Mais

Raps
dr Raps

Obstbaum
dr Obstbaum

Maniok
dr Maniok

Getreide
s Getreide

Bauernhof - dr Buurehof

Haus
s Huus

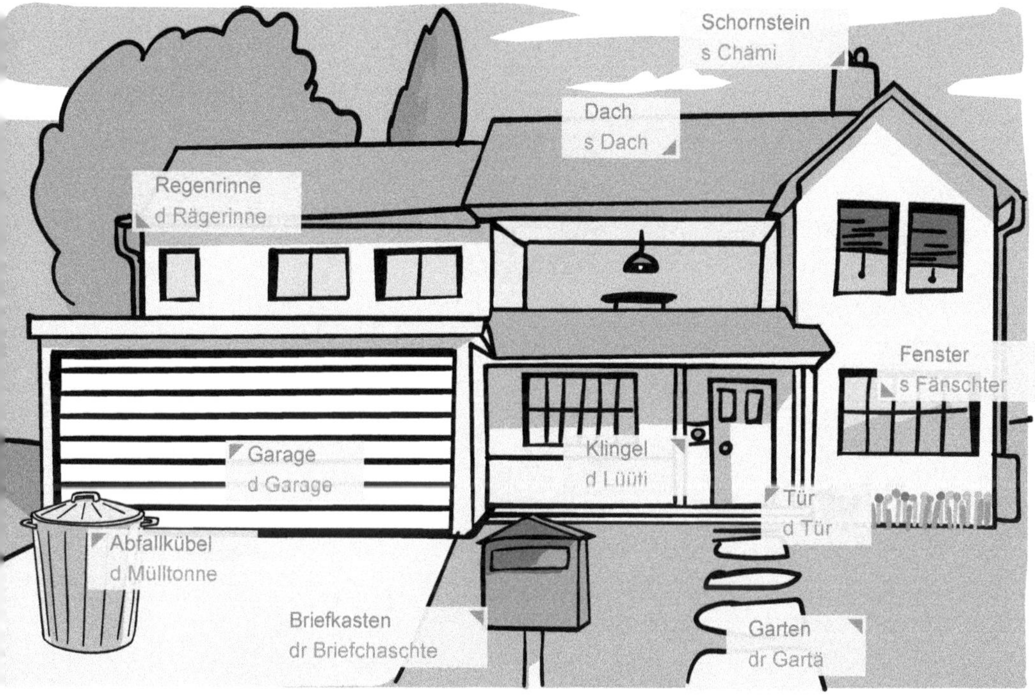

Schornstein
s Chämi

Dach
s Dach

Regenrinne
d Rägerinne

Fenster
s Fänschter

Garage
d Garage

Klingel
d Lüüti

Tür
d Tür

Abfallkübel
d Mülltonne

Briefkasten
dr Briefchaschte

Garten
dr Gartä

Wohnzimmer
s Stubä

Badezimmer
s Badzimmer

Küche
d Chuchi

Schlafzimmer
s Schlofzimmer

Kinderzimmer
s Chinderzimmer

Esszimmer
s Ässzimmer

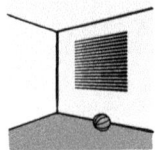
Boden
dr Bodä

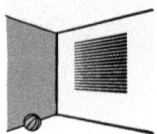
Wand
d Wand

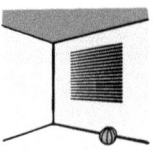
Decke
d Decki

Keller
dr Chäller

Sauna
d Sauna

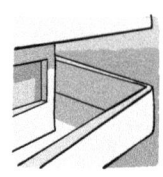
Balkon
dr Balkon

Terrasse
d Terasse

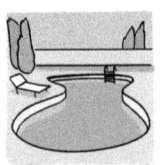
Schwimmbad
s Pool

Rasenmäher
dr Rasemäier

Bettbezug
dr Bettbezug

Bettdecke
d Bettdecki

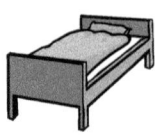
Bett
s Bett

Besen
dr Bäse

Kübel
dr Chübel

Schalter
dr Schalter

Haus - s Huus

Wohnzimmer
s Stubä

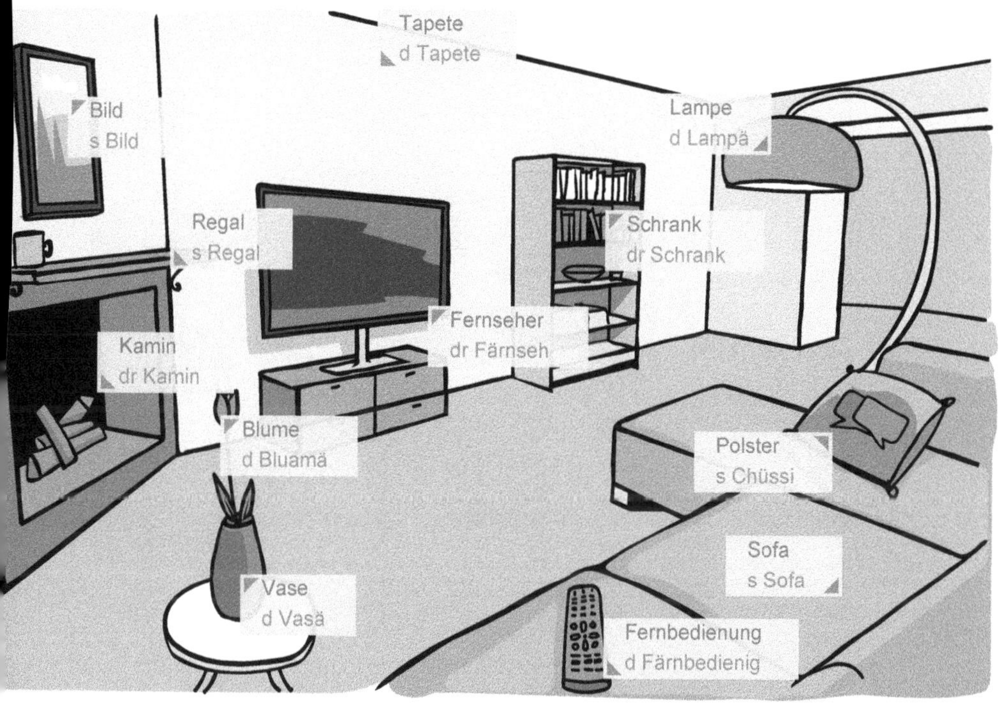

- Tapete — d Tapete
- Bild — s Bild
- Lampe — d Lampä
- Regal — s Regal
- Schrank — dr Schrank
- Kamin — dr Kamin
- Fernseher — dr Färnseh
- Blume — d Bluamä
- Polster — s Chüssi
- Vase — d Vasä
- Sofa — s Sofa
- Fernbedienung — d Färnbedienig

Teppich
dr Teppich

Vorhang
dr Vorhang

Tisch
dr Tisch

Sessel
dr Stuehl

Schaukelstuhl
dr Schaukelstuehl

Sessel
dr Sässel

Buch s Buech	Decke d Decki	Dekoration d Dekoration

Feuerholz s Füürholz	Film dr Film	Stereoanlage d Stereoahlag

Schlüssel dr Schlüssel	Zeitung d Ziitig	Gemälde s Bild

Poster s Poster	Radio s Radio	Notizblock dr Notizblock

Staubsauger dr Staubsuuger	Kaktus dr Kaktus	Kerze d Chärze

Wohnzimmer - s Stubä

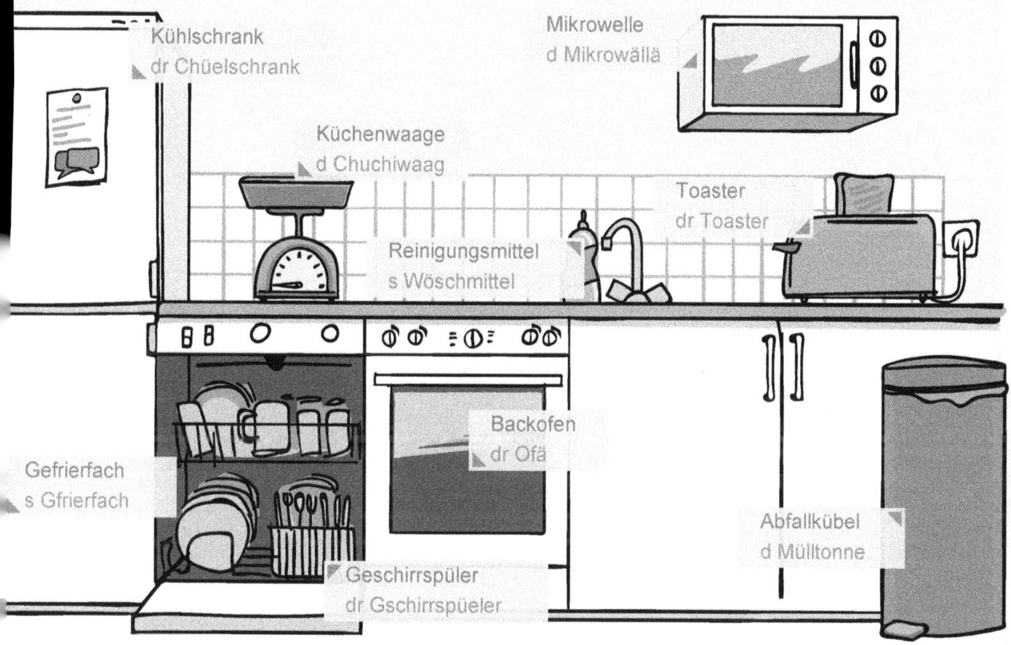

Küche
d Chuchi

Kühlschrank
dr Chüelschrank

Mikrowelle
d Mikrowällä

Küchenwaage
d Chuchiwaag

Toaster
dr Toaster

Reinigungsmittel
s Wöschmittel

Backofen
dr Ofä

Gefrierfach
s Gfrierfach

Abfallkübel
d Mülltonne

Geschirrspüler
dr Gschirrspüeler

Herd
dr Härd

Topf
dr Topf

Eisentopf
dr Iisetopf

Wok / Kadai
dr Wok / Kadai

Pfanne
d Pfanne

Wasserkocher
dr Wasserchocher

	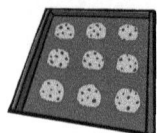	
Dampfgarer dr Dampfer	Backblech s Bachbläch	Geschirr s Gschirr

Becher dr Bächer	Schale d Schale	Essstäbchen d Stäbli

Schöpflöffel d Suppechellä	Pfannenwender dr Pfannewänder	Schneebesen dr Schneebäse

Kochsieb s Sieb	Sieb s Sieb	Reibe d Raffle

Mörser dr Mörser	Grill dr Grill	Kaminfeuer d Füürstell

Küche - d Chuchi

Schneidebrett

s Schniidbrätt

Nudelholz

s Nudelholz

Korkenzieher

dr Korkäzieher

Dose

d Dosä

Dosenöffner

dr Dosäöffner

Topflappen

dr Topflappä

Waschbecken

s Wöschbecki

Bürste

d Bürste

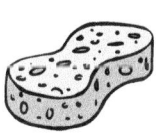

Schwamm

dr Schwumm

Mixer

dr Mixer

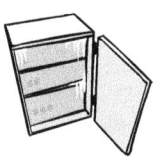

Gefriertruhe

dr Gfrierschrank

Babyflasche

s Babyfläschli

Wasserhahn

dr Hahnä

Küche - d Chuchi

Badezimmer
s Badzimmer

- Dusche / d Duschi
- Heizung / d Heizig
- Handtuch / s Handtuech
- Duschvorhang / dr Duschvorhang
- Schaumbad / s Schumbad
- Badewanne / d Badwanne
- Glas / s Glas
- Waschmaschine / d Wöschmaschine
- Wasserhahn / dr Hahnä
- Fliesen / d Fliesä
- Nachttopf / s Töpfli
- Waschbecken / s Wöschbecki

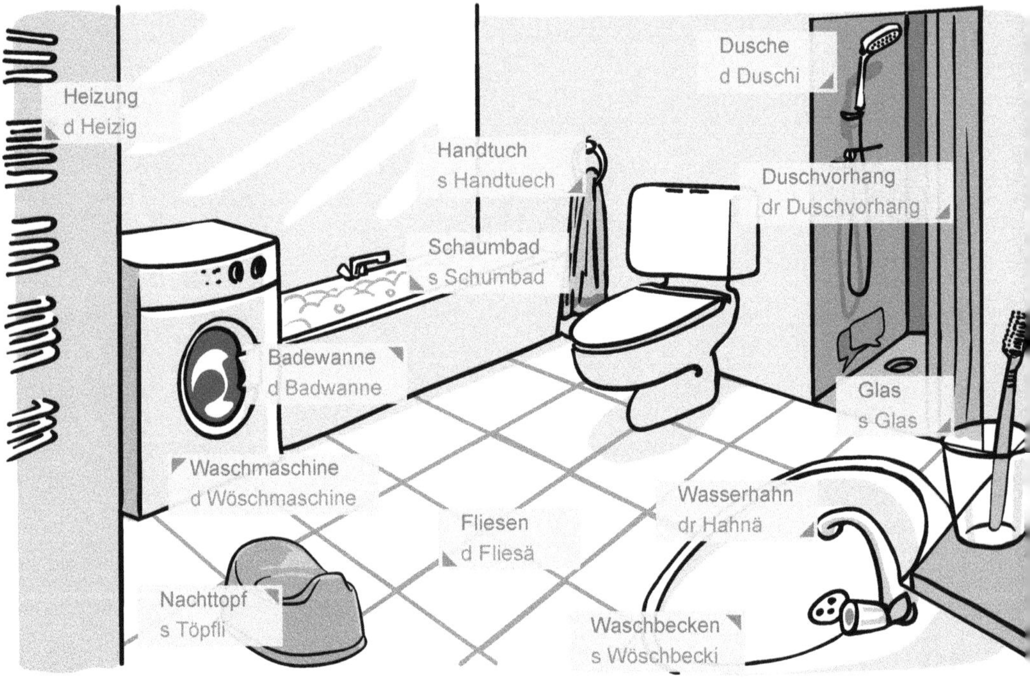

Klo
d Toilette

Hocktoilette
s Plumpsklo

Bidet
s Bidet

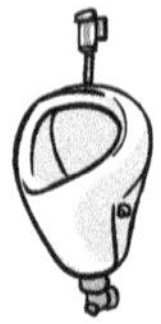

Pissoir
s Pissoir

Klopapier
ds Toilettepapier

Klobürste
d Toilettebürschteli

38 Badezimmer - s Badzimmer

Zahnbürste
d Zahbürstä

Zahnpasta
d Zahpasta

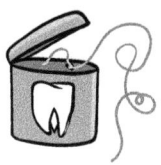

Zahnseide
d Zahnsiide

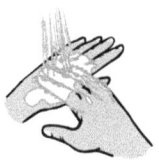

waschen
wäsche

Handbrause
d Handduschi

Intimdusche
d Intiimduschi

Waschschüssel
s Wöschbecki

Rückenbürste
d Ruggäbürste

Seife
d Seifä

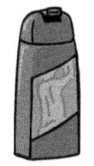

Duschgel
s Duschgel

Shampoo
s Shampoo

Waschlappen
dr Waschlappä

Abfluss
dr Abfluss

Creme
d Creme

Deodorant
s Deo

Badezimmer - s Badzimmer

Spiegel
dr Spiegel

Kosmetikspiegel
dr Handspiegel

Rasierer
dr Rasierer

Rasierschaum
dr Rasierschuum

Rasierwasser
s Aftershave

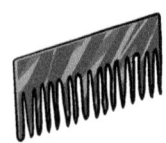
Kamm
dr Schträäl

Bürste
d Bürstä

Föhn
dr Föhn

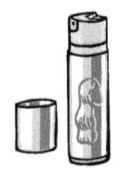
Haarspray
s Hoorspray

Makeup
s Makeup

Lippenstift
dr Lippestift

Nagellack
dr Nagellack

Watte
d Wattä

Nagelschere
d Nagelscher

Parfum
s Parfum

Kulturbeutel
s Necessaire

Hocker
dr Schemel

Waage
d Waag

Bademantel
dr Badmantel

Gummihandschuhe
dr Gummihändscheh

Tampon
s Tampon

Damenbinde
d Damebinde

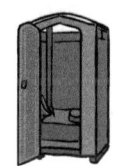
Chemietoilette
d chemischi Toilette

Badezimmer - s Badzimmer

Kinderzimmer
s Chinderzimmer

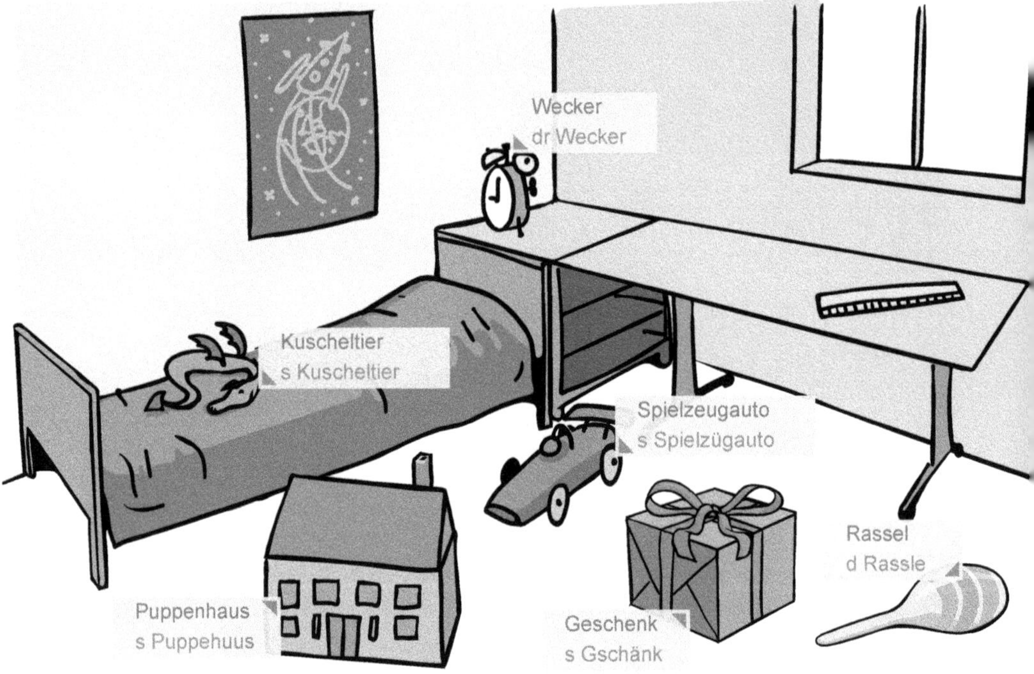

Wecker — dr Wecker
Kuscheltier — s Kuscheltier
Spielzeugauto — s Spielzügauto
Puppenhaus — s Puppehuus
Geschenk — s Gschänk
Rassel — d Rassle

Ballon
dr Ballon

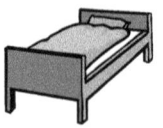

Bett
s Bett

Kinderwagen
dr Chinderwage

Kartenspiel
s Chartespiel

Puzzle
s Puzzle

Comic
dr Comic

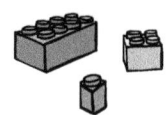

Legosteine

d Legos

Bausteine

d Baustei

Actionfigur

d Action Figur

Strampelanzug

s Strampli

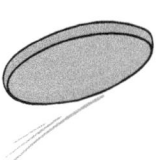

Frisbee

s Frisbee

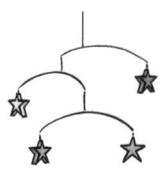

Mobile

s Mobile

Brettspiel

s Brättspiel

Würfel

dr Würfäl

Modelleisenbahn

d Modellisebahn

Schnuller

dr Nuggi

Party

d Party

Bilderbuch

s Bilderbuch

Ball

dr Ball

Puppe

d Puppä

spielen

spiele

Kinderzimmer - s Chinderzimmer

Sandkasten
dr Sandchaschte

Schaukel
d Gigampfi

Spielzeug
s Spielzüg

Spielkonsole
d Videospielkonsole

Dreirad
s Dreirad

Teddy
dr Teddy

Kleiderschrank
dr Chleiderschrank

Kleidung
d Chleidig

Socken
d Sockä

Strümpfe
d Strümpf

Strumpfhose
d Strumpfhosä

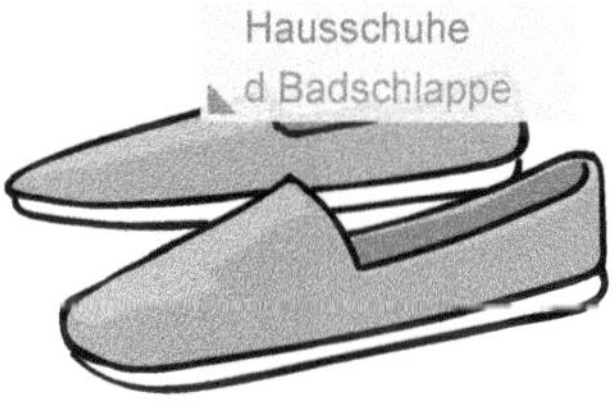

Schal
dr Schal

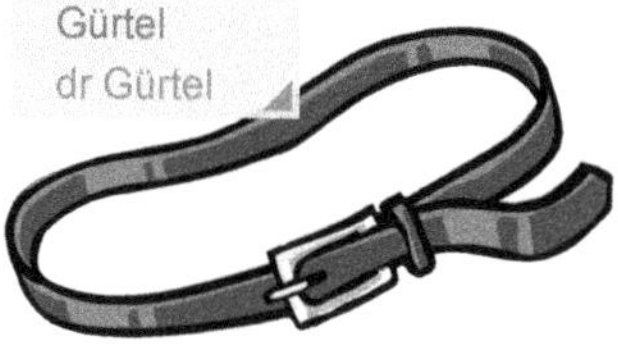

Regenschirm
dr Rägeschirm

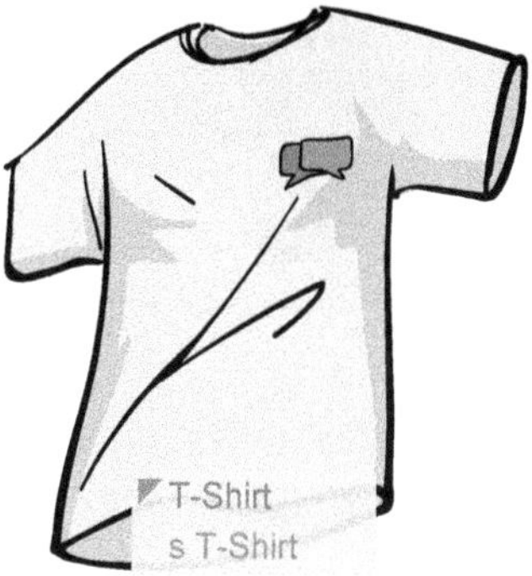

T-Shirt
s T-Shirt

Gürtel
dr Gürtel

Stiefel
dr Stiefel

Hausschuhe
d Badschlappe

Turnschuhe
d Turnschueh

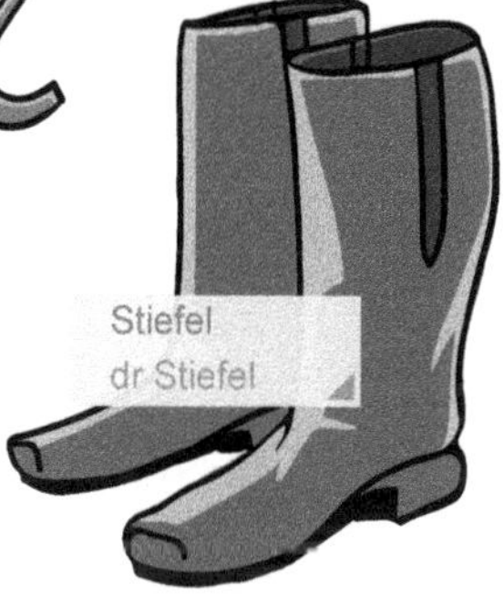

Sandalen
d Sandalä

Schuhe
d Schueh

Gummistiefel
d Gummistiefel

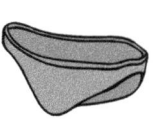

Unterhose
d Untrhosä

Büstenhalter
dr BH

Unterhemd
s Underlibli

Kleidung - d Chleidig

Body
dr Body

Hose
d Hosä

Jeans
d Jeans

Rock
dr Rock

Bluse
d Bluse

Hemd
s Hömli

Pullover
dr Pulli

Kapuzenpullover
dr Kapuzepulli

Blazer
dr Blazer

Jacke
d Jacke

Mantel
dr Mantel

Regenmantel
dr Rägämantel

Kostüm
s Chostüm

Kleid
s Chleid

Hochzeitskleid
s Hochziitskleid

Anzug dr Ahzug	Nachthemd s Nachthömli	Pyjama s Pyjama

Sari dr Sari	Kopftuch s Chopftuäch	Turban dr Turban

Burka d Burka	Kaftan dr Kaftan	Abaya d Abaya

Badeanzug s Badchleid	Badehose d Badhose	kurze Hose d churzi Hosä

Jogginganzug dr Trainer	Schürze d Schürze	Handschuhe d Händsche

Kleidung - d Chleidig

Knopf
dr Chnopf

Brille
d Brüllä

Armband
s Armband

Halskette
d Chetti

Ring
dr Ring

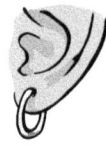
Ohrring
dr Ohrering

Mütze
d Chappe

Kleiderbügel
dr Chleiderbügel

Hut
dr Huet

Krawatte
d Grawattä

Reißverschluss
dr Riissverschluss

Helm
dr Helm

Hosenträger
dr Hosäträger

Schuluniform
d Schueluniform

Uniform
d Uniform

Kleidung - d Chleidig

Lätzchen
s Lätzli

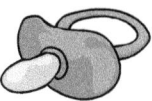
Schnuller
dr Nuggi

Windel
d Windle

Büro
s Büro

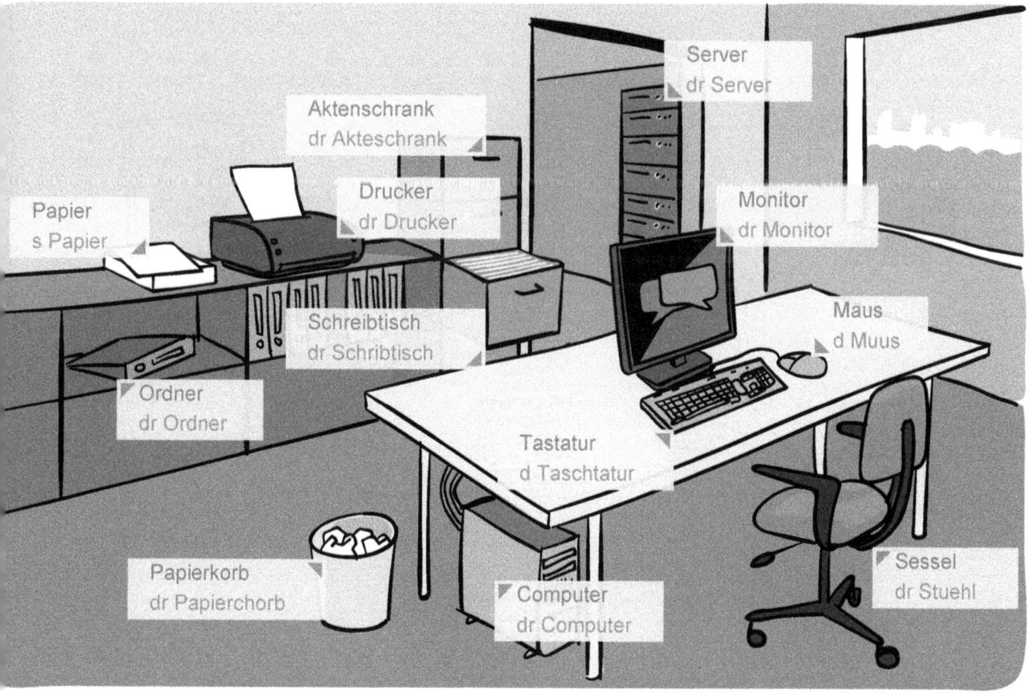

- Server — dr Server
- Aktenschrank — dr Akteschrank
- Drucker — dr Drucker
- Papier — s Papier
- Monitor — dr Monitor
- Schreibtisch — dr Schribtisch
- Maus — d Muus
- Ordner — dr Ordner
- Tastatur — d Taschtatur
- Papierkorb — dr Papierchorb
- Computer — dr Computer
- Sessel — dr Stuehl

Kaffeebecher
dr Kafibächer

Taschenrechner
dr Tascherächner

Internet
s Internet

Laptop
dr Laptop

Brief
dr Brief

Nachricht
d Nochricht

Handy
s Mobiltelefon

Netzwerk
s Netzwärk

Kopierer
dr Kopierer

Software
d Software

Telefon
s Telefon

Steckdose
d Steckdosä

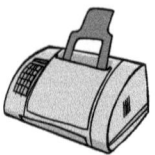
Fax
s Fax

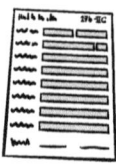
Formular
s Formular

Dokument
s Dokumänt

Büro - s Büro

Wirtschaft
d Wirtschaft

kaufen
chaufe

bezahlen
zahle

handeln
handle

Geld
s Gäld

Dollar
dr Dollar

Euro
dr Euro

Yen
dr Yen

Rubel
dr Rubel

Franken
dr Frankä

Renminbi Yuan
dr Renminbi Yuan

Rupie
d Rupie

Bankomat
dr Gäldautomat

 Wechselstube d Wächselstube	 Gold s Gold	 Silber s Silber
 Öl s Öl	 Energie d Energie	 Preis dr Preis
 Vertrag dr Vertrag	 Steuer d Stüür	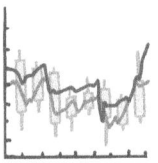 Aktie d Aktie
 arbeiten schaffe	 Angestellte dr Mitarbeiter	 Arbeitgeber dr Arbeitgeber
 Fabrik d Fabrik	 Geschäft s Gschäft	

Wirtschaft - d Wirtschaft

Berufe
d Brüef

Polizist — dr Polizischt
Feuerwehrmann — dr Füürwehrmaa
Koch — dr Choch
Ärztin — dr Arzt
Pilot — dr Pilot

Gärtner
dr Gärtner

Tischler
dr Zimmermah

Schneiderin
d Näheri

Richter
dr Richter

Chemikerin
dr Chemiker

Schauspieler
dr Darsteller

Busfahrer
dr Busfahrer

Taxifahrer
dr Taxifahrer

Fischer
dr Fischer

Putzfrau
d Putzfrau

Dachdecker
dr Dachdecker

Kellner
dr Chällner

Jäger
dr Jäger

Maler
dr Moler

Bäcker
dr Bäcker

Elektriker
dr Elektriker

Bauarbeiter
dr Bauarbeiter

Ingenieur
dr Ingenieur

Schlachter
dr Schlachter

Installateur
dr Klämpner

Briefträgerin
dr Pöschtler

Berufe - d Brüef

Soldat
dr Soldat

Architekt
dr Architekt

Kassiererin
dr Kassierer

Blumenhändlerin
dr Florischt

Friseur
dr Frisör

Schaffner
dr Kontrolleur

Mechaniker
dr Mechaniker

Kapitän
dr Kapitän

Zahnärztin
dr Zahnarzt

Wissenschaftler
dr Wüsseschaftler

Rabbi
dr Rabbi

Imam
dr Imam

Mönch
dr Mönch

Pfarrer
dr Pfarrer

Berufe - d Brüef

Werkzeuge
d Werkzüüg

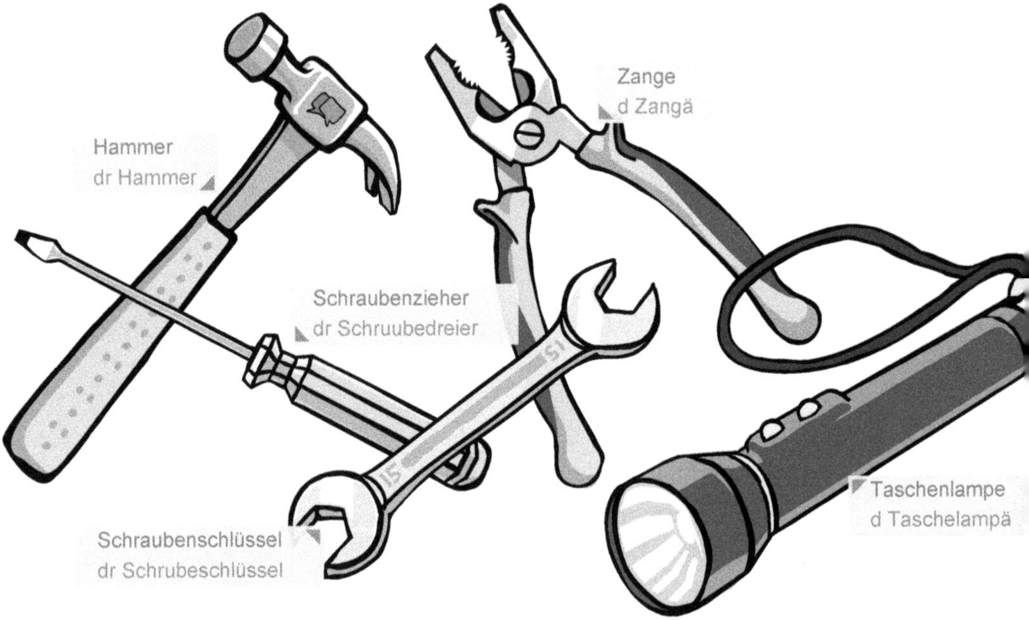

Hammer
dr Hammer

Zange
d Zangä

Schraubenzieher
dr Schruubedreier

Taschenlampe
d Taschelampä

Schraubenschlüssel
dr Schrubeschlüssel

Bagger
dr Bagger

Werkzeugkasten
dr Werkzüügchaschte

Leiter
d Leitere

Säge
d Sagi

Nägel
d Negel

Bohrer
dr Bohrer

reparieren
flicke

Schaufel
d Schufle

Scheiße!
Mischt!

Kehrschaufel
d Ascheschufle

Farbtopf
dr Farbchübel

Schrauben
d Schruube

Musikinstrumente
d Musiginstrumänt

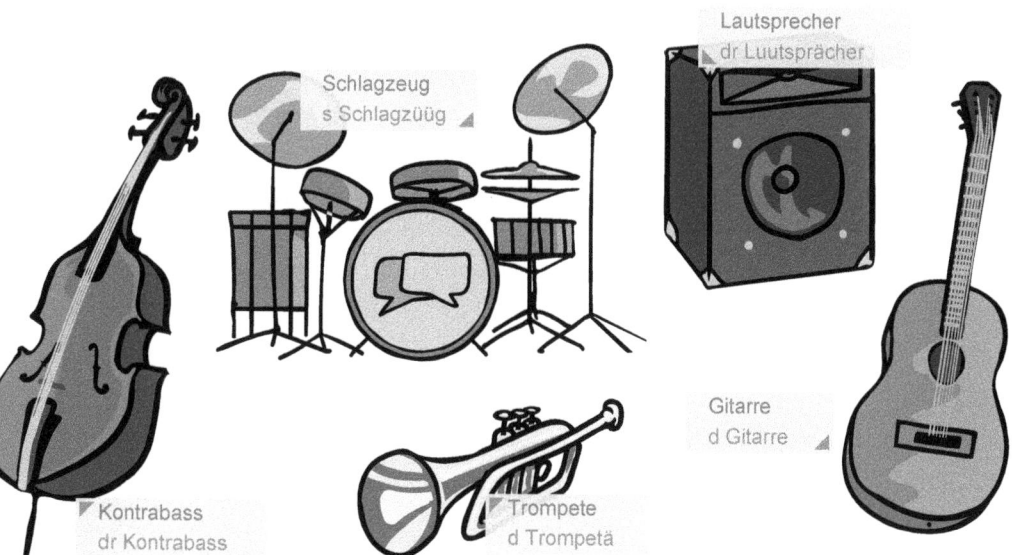

Lautsprecher
dr Luutsprächer

Schlagzeug
s Schlagzüüg

Gitarre
d Gitarre

Kontrabass
dr Kontrabass

Trompete
d Trompetä

Klavier
s Klavier

Violine
d Violine

Bass
dr Bass

Pauke
d Pauke

Trommeln
d Trummle

Tastatur
s Keyboard

Saxophon
s Saxophon

Flöte
d Flöte

Mikrofon
s Mikrofon

Musikinstrumente - d Musiginstrumänt

Zoo
dr Zolli

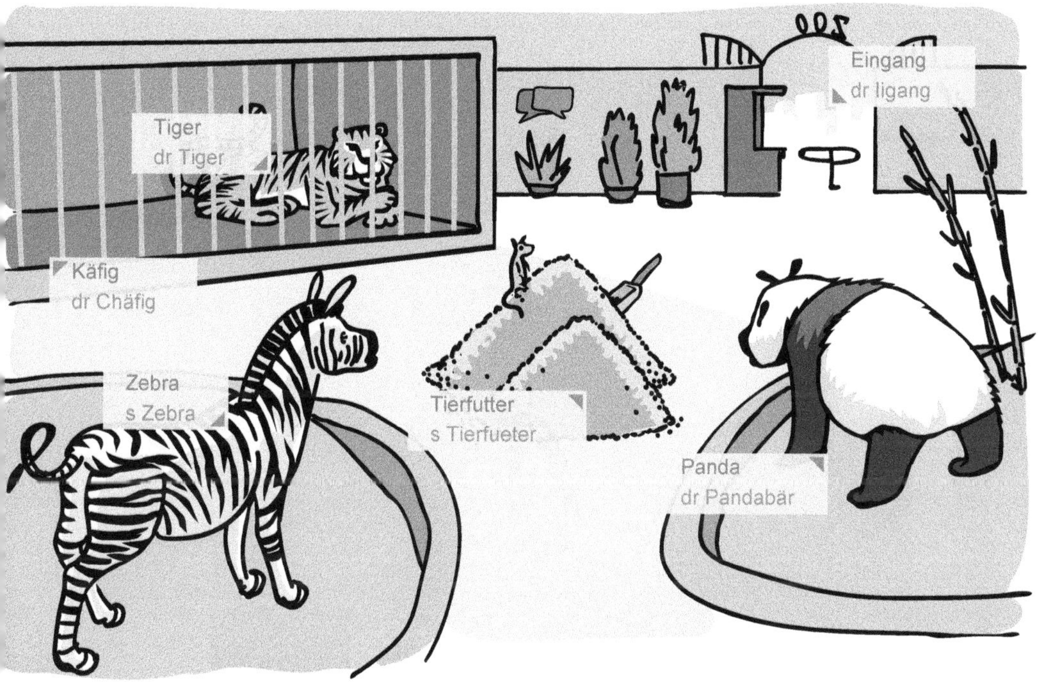

- Eingang — dr Igang
- Tiger — dr Tiger
- Käfig — dr Chäfig
- Zebra — s Zebra
- Tierfutter — s Tierfueter
- Panda — dr Pandabär

Tiere
d Tier

Elefant
dr Elefant

Känguru
s Känguru

Nashorn
s Nashorn

Gorilla
dr Gorilla

Bär
dr Bär

Zoo - dr Zolli

Kamel
s Kamel

Strauß
dr Struss

Löwe
dr Leu

Affe
dr Aff

Flamingo
dr Flamingo

Papagei
dr Papagei

Eisbär
dr Iisbär

Pinguin
dr Pinguin

Hai
dr Hai

Pfau
dr Pfau

Schlange
d Schlangä

Krokodil
s Krokodil

Zoowärter
dr Zoowärter

Robbe
d Robbä

Jaguar
dr Jaguar

Zoo - dr Zolli

Pony
s Pony

Leopard
dr Leopard

Nilpferd
s Nilpfärd

Giraffe
d Giraff

Adler
dr Adler

Wildschwein
s Wildschwein

Fisch
dr Fisch

Schildkröte
d Schildkrot

Walross
s Walross

Fuchs
dr Fuchs

Gazelle
d Gazelle

Zoo - dr Zolli

Sport
dr Sport

Aktivitäten
d Aktivitäte

haben händ	machen mache	sein sy

stehen stah	laufen laufe	ziehen zieh

werfen rüerä	fallen fallä	liegen ligge

warten warte	tragen träge	sitzen sitze

anziehen ahzieh	schlafen schlafe	aufwachen ufwache

Aktivitäten - d Aktivitäte

ansehen
ahluege

weinen
brüele

streicheln
striichle

frisieren
bürste

reden
redä

verstehen
verschtah

fragen
froog

hören
lose

trinken
trinke

essen
ässe

zusammenräumen
ufruume

lieben
liebe

kochen
chochä

fahren
fahre

fliegen
flüge

Aktivitäten - d Aktivitäte

segeln
segle

rechnen
rächne

lesen
läse

lernen
leerä

arbeiten
schaffe

heiraten
hürate

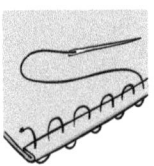
nähen
näije

Zähne putzen
Zäh putze

töten
töte

rauchen
schlootä

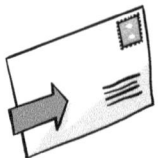
senden
sände

Familie
d Familiä

Großmutter
Grossmuetter

Großvater
dr Grossvater

Vater
dr Vatter

Mutter
d Muetter

Baby
s Baby

Tochter
d Tochter

Sohn
dr Sohn

Gast
dr Gast

Tante
d Tante

Onkel
dr Unkel

Bruder
dr Brüeder

Schwester
d Schwöschter

Körper
dr Körpär

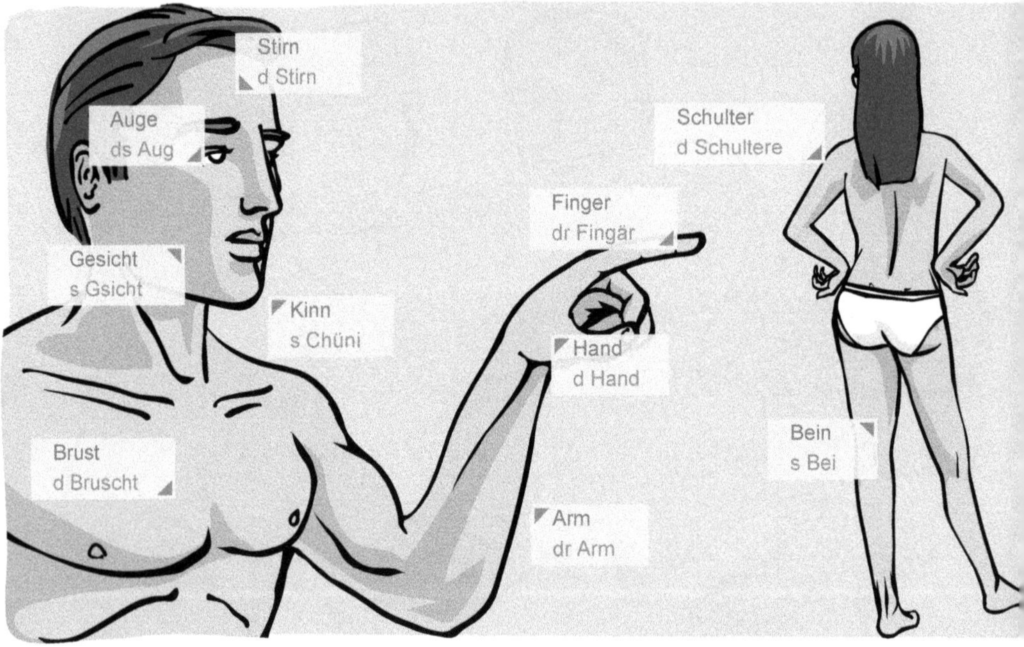

Stirn / d Stirn
Auge / ds Aug
Gesicht / s Gsicht
Kinn / s Chüni
Brust / d Bruscht
Schulter / d Schultere
Finger / dr Fingär
Hand / d Hand
Bein / s Bei
Arm / dr Arm

Baby
s Baby

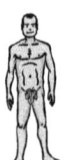

Mann
dr Mah

Frau
d Frau

Mädchen
s Meitli

Junge
dr Bueb

Kopf
dr Chopf

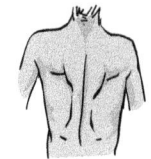

Rücken
dr Ruggä

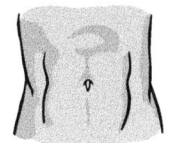

Bauch
dr Buuch

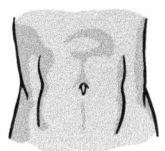

Nabel
dr Buchnabel

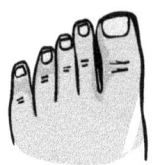

Zeh
dr Zäche

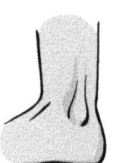

Ferse
d Fersä

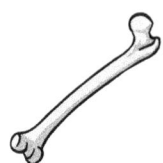

Knochen
d Knoche

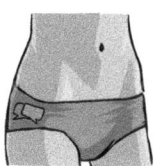

Hüfte
d Hüfte

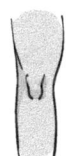

Knie
s Chnü

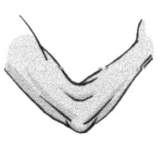

Ellbogen
dr Ellbogä

Nase
d Nase

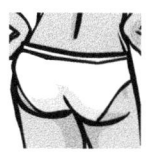

Gesäß
s Füdli

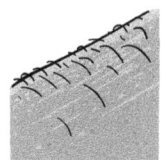

Haut
d Hut

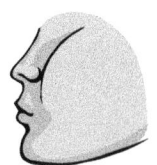

Wange
d Bagge

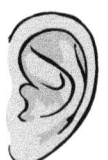

Ohr
s Ohr

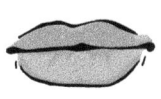

Lippe
d Lippe

Körper - dr Körpär

Mund
s Muul

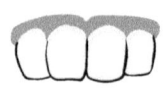
Zahn
dr Zah

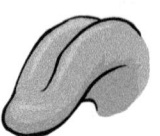
Zunge
d Zungä

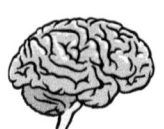
Gehirn
s Hirni

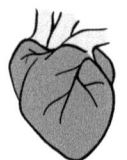
Herz
s Härz

Muskel
dr Muskel

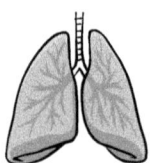
Lunge
d Lungä

Leber
d Läberä

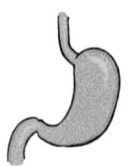
Magen
dr Magen

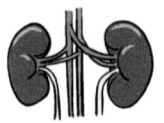
Nieren
d Nierä

Geschlechtsverkehr
dr Gschlächtsvrkehr

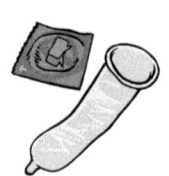
Kondom
s Kondom

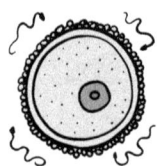
Eizelle
d Eizälle

Sperma
dr Soome

Schwangerschaft
d Schwangerschaft

Körper - dr Körpär

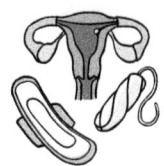

Menstruation
d Menstruation

Vagina
d Vagina

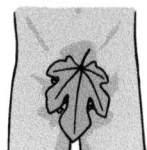

Penis
dr Penis

Augenbraue
d Augebrauä

Haar
s Haar

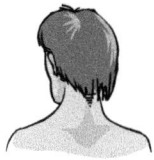

Hals
dr Hals

Spital
s Spital

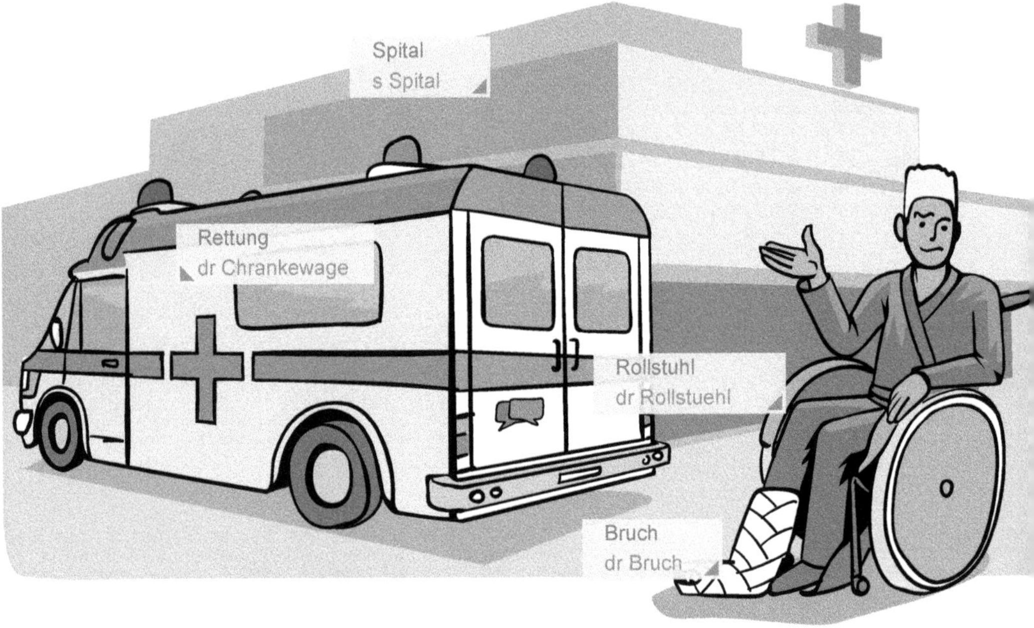

Spital
s Spital

Rettung
dr Chrankewage

Rollstuhl
dr Rollstuehl

Bruch
dr Bruch

Ärztin
dr Arzt

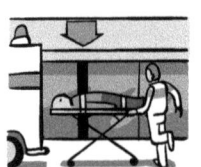

Notaufnahme
d Notufnahm

Krankenschwester
d Chrankeschwöschter

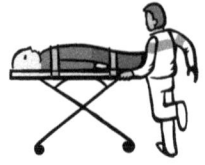

Notfall
dr Notfall

ohnmächtig
ohnmächtig

Schmerz
dr Schmärz

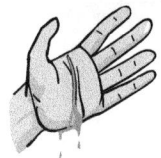
Verletzung
d Verletzig

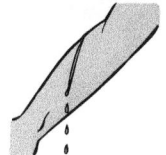
Blutung
d Bluätig

Herzinfarkt
dr Härzinfarkt

Schlaganfall
dr Schlagahfall

Allergie
d Allergie

Husten
dr Hueschtä

Fieber
s Fieber

Grippe
d Grippe

Durchfall
dr Durchfall

Kopfschmerzen
d Kopfschmärze

Krebs
dr Kräbs

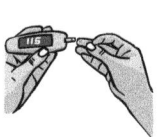
Diabetes
dr Diabetes

Chirurg
dr Chirurg

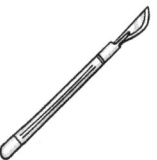
Skalpell
s Skalpell

Operation
d Operation

Spital - s Spital

CT
s CT

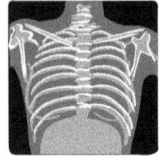
Röntgen
s Röntgä

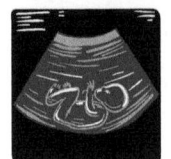
Ultraschall
s Ultraschall

Maske
d Gsichtsmaske

Krankheit
d Krankhet

Wartezimmer
s Wartezimmer

Krücke
d Krückä

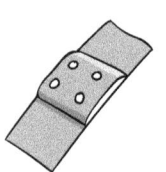
Pflaster
s Pflaster

Verband
dr Vrband

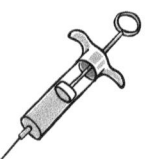
Injektion
d Injektion

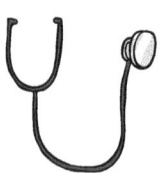
Stethoskop
s Stethoskop

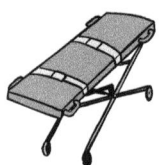
Trage
d Trage

Thermometer
s Thermometer

Geburt
d Geburt

Übergewicht
s Übergwicht

Spital - s Spital

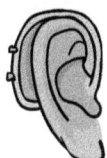
Hörgerät
s Hörgrät

Desinfektionsmittel
s Desinfektionsmittel

Infektion
d Infektion

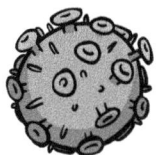
Virus
s Virus

HIV / AIDS
s HIV / AIDS

Medizin
d Medizin

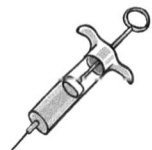
Impfung
d Impfig

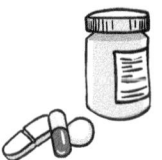
Tabletten
d Tablette

Pille
d Pille

Notruf
dr Notruef

Blutdruckmesser
s Bluetdruck-Mässgrät

krank / gesund
chrank / gsund

Spital - s Spital

Notfall
dr Notfall

Hilfe!
Hiufe!

Alarm
dr Alarm

Überfall
dr Überfall

Angriff
dr Ahgriff

Gefahr
d Gfohr

Notausgang
dr Notuusgang

Feuer!
Füür!

Feuerlöscher
dr Füürlöscher

Unfall
dr Unfall

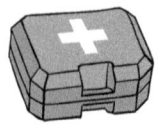

Erste-Hilfe-Koffer
dr Ersti-Hilf-Koffer

SOS
SOS

Polizei
d Polizei

Erde
d Ärde

Europa

s Europa

Nordamerika

s Nordamerika

Südamerika

s Südamerika

Afrika

s Afrika

Asien

s Asie

Australien

s Auschtralie

Atlantik

dr Atlantik

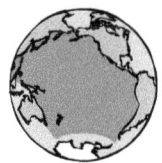

Pazifik

dr Pazifik

Indische Ozean

dr Indische Ozean

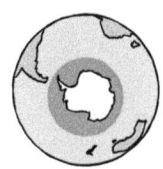

Antarktische Ozean

dr Antarktische Ozean

Arktische Ozean

dr Arktische Ozean

Nordpol

dr Nordpol

Südpol
dr Südpol

Antarktis
d Antarktis

Erde
d Ärde

Land
s Land

Meer
s Meer

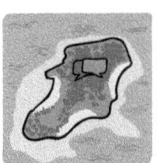
Insel
d Inslä

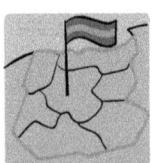
Nation
d Nation

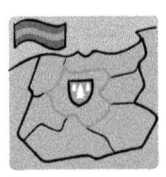
Staat
dr Staat

Uhr
d Uhr

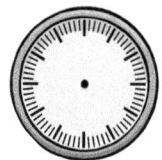

Ziffernblatt
s Ziffereblatt

Stundenzeiger
dr Stundezeiger

Minutenzeiger
dr Minutezeiger

Sekundenzeiger
dr Sekundezeiger

Wie spät ist es?
Wie spaht isch es?

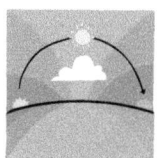

Tag
dr Tag

Zeit
d Zit

jetzt
jetzt

Digitaluhr
d Digitaluhr

Minute
d Minute

Stunde
d Stunde

Woche
d Wuche

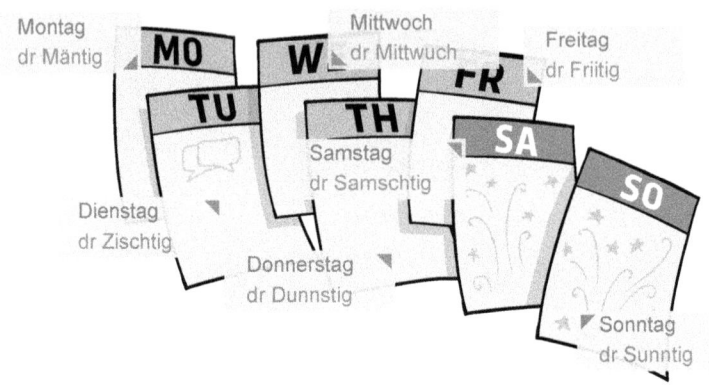

Montag — dr Mäntig
Dienstag — dr Zischtig
Mittwoch — dr Mittwuch
Donnerstag — dr Dunnstig
Freitag — dr Friitig
Samstag — dr Samschtig
Sonntag — dr Sunntig

gestern

geschter

heute

hüt

morgen

morn

Morgen

dr Morgä

Mittag

dr Mittag

Abend

dr Aabig

Arbeitstage

d Wärktag

Wochenende

s Wuchenänd

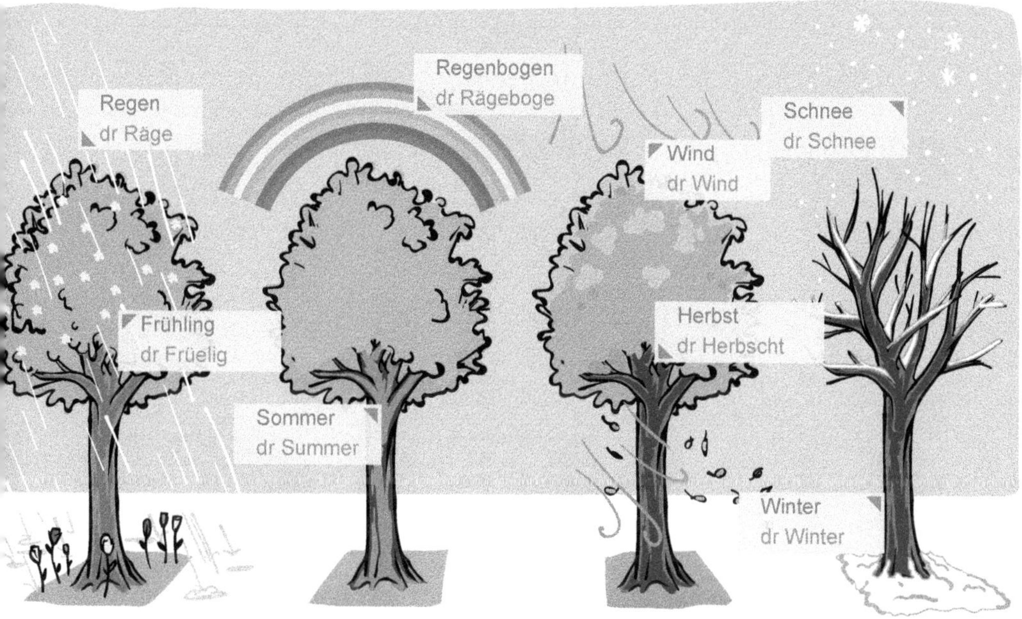

Jahr
s Johr

Regen
dr Räge

Regenbogen
dr Rägeboge

Schnee
dr Schnee

Wind
dr Wind

Frühling
dr Früelig

Herbst
dr Herbscht

Sommer
dr Summer

Winter
dr Winter

Wettervorhersage
d Wättervorhärsag

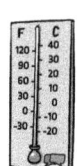

Thermometer
s Thermometer

Sonnenschein
dr Sunneschiin

Wolke
d Wolkä

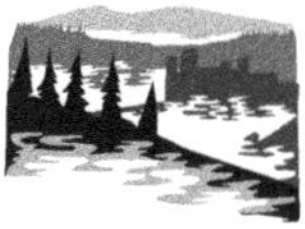

Nebel
d Näbel

Luftfeuchtigkeit
d Fiechtigkeit

Blitz

dr Blitz

Donner

dr Dunner

Sturm

dr Sturm

Hagel

d Hagel

Monsun

dr Monsun

Flut

d Fluet

Eis

s Iis

Jänner

dr Januar

Februar

dr Februar

März

dr März

April

dr April

Mai

dr Mai

Juni

dr Juni

Juli

dr Juli

August

dr Auguscht

Jahr - s Johr

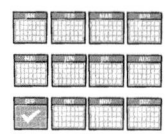
September
dr Septämber

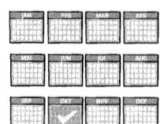
Oktober
dr Oktober

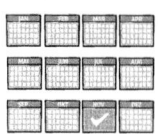
November
dr Novämber

Dezember
dr Dezämber

Formen
d Forme

Kreis
dr Kreis

Quadrat
s Quadrat

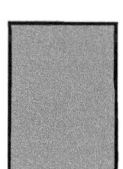
Rechteck
s Rächteck

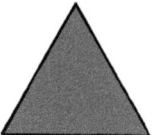
Dreieck
s Dreieck

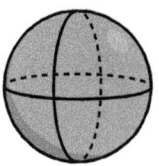
Kugel
d Chugele

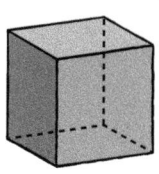
Würfel
dr Würfel

Farben
d Farbä

weiß
wiss

gelb
gäl

orange
orange

pink
pink

rot
rot

lila
liila

blau
blau

grün
grüen

braun
bruun

grau
grau

schwarz
schwarz

Gegenteile
d Gägeteil

viel / wenig
viel / wenig

wütend / friedlich
hässig / ruhig

hübsch / hässlich
hübsch / hässlich

Anfang / Ende
dr Ahfang / s Ändi

groß / klein
gross / chli

hell / dunkel
hell / dunkel

Bruder / Schwester
dr Brüeder / d Schwöschter

sauber / schmutzig
suuber / dräckig

vollständig / unvollständig
vollständig / unvollständig

Tag / Nacht
dr Tag / d Nacht

tot / lebendig
tot / läbig

breit / schmal
breit / schmal

genießbar / ungenießbar

ässbar / nid ässbar

böse / freundlich

bös / fründlich

aufgeregt / gelangweilt

uffreggt / glangwilt

dick / dünn

dick / dünn

zuerst / zuletzt

zerscht / zletscht

Freund / Feind

dr Fründ / dr Find

voll / leer

voll / läär

hart / weich

hart / weich

schwer / leicht

schwer / liecht

Hunger / Durst

dr Hunger / dr Durscht

krank / gesund

chrank / gsund

illegal / legal

illegal / legal

gescheit / dumm

intelligänt / gatz

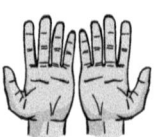

links / rechts

links / rächts

nah / fern

nöch / wiit weg

Gegenteile - d Gägeteil

neu / gebraucht

neu / bruucht

nichts / etwas

nüt / öpis

alt / jung

alt / jung

an / aus

ah / uss

offen / geschlossen

offe / zue

leise / laut

lislig / luut

reich / arm

riich / arm

richtig / falsch

richtig / falsch

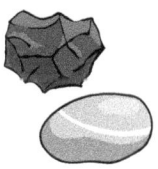

rau / glatt

rau / glatt

traurig / glücklich

truurig / glücklich

kurz / lang

churz / lang

langsam / schnell

langsam / schnäll

nass / trocken

nass / trochä

warm / kühl

warm / chalt

Krieg / Frieden

dr Chrieg / dr Friede

Gegenteile - d Gägeteil

Zahlen
d Zahlä

0
null
Null

1
eins
eis

2
zwei
zwei

3
drei
drü

4
vier
vier

5
fünf
foif

6
sechs
sächs

7
sieben
sibe

8
acht
acht

9
neun
nün

10
zehn
zäh

11
elf
elf

12	**13**	**14**
zwölf	dreizehn	vierzehn
zwölf	drizäh	vierzäh
15	**16**	**17**
fünfzehn	sechzehn	siebzehn
füfzäh	sächzäh	siebzäh
18	**19**	**20**
achtzehn	neunzehn	zwanzig
achtzäh	nünzäh	zwänzg
100	**1.000**	**1.000.000**
hundert	tausend	Million
Hundert	Tuusig	Million

Zahlen - d Zahlä

Sprachen
d Sprache

Englisch
Änglisch

Amerikanisches Englisch
Amerikanischs Änglisch

Chinesisch (Mandarin)
Chinesisch Mandarin

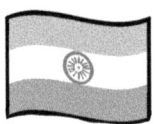

Hindi
Hindi

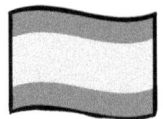

Spanisch
Spanisch

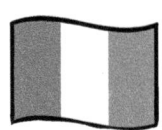

Französisch
Französisch

Arabisch
Arabisch

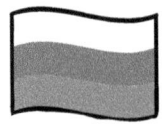

Russisch
Russisch

Portugiesisch
Portugiesisch

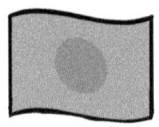

Bengalisch
Bengalisch

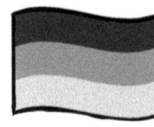

Deutsch
Dütsch

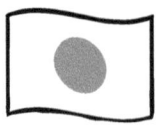

Japanisch
Japanisch

wer / was / wie
wär / was / wie

ich
ich

du
du

er / sie / es
är / sie / es

wir
mir

ihr
ihr

sie
sie

Wer?
wär?

Was?
was?

Wie?
wie?

Wo?
wo?

Wann?
wänn?

Name
Name

WO
WO

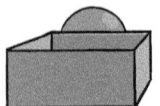

hinter
hinder

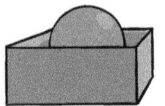

in
in

vor
vor

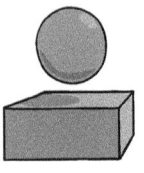

über
über

auf
uf

unter
under

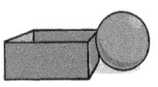

neben
näbe

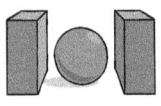

zwischen
zwüsche

Ort
dr Ort

Lightning Source UK Ltd.
Milton Keynes UK
UKHW020901281020
372375UK00009B/226